PETRA WÜRTH

Verwurzelt
in Gott

Mut machende Impulse für dich

Inhaltsverzeichnis

Liebe Leserin, lieber Leser,

die Evangelien könnte man als „Das große Buch der Begegnungen" bezeichnen. Das Neue Testament ist voll von Berichten und Geschichten, in denen es genau darum geht.

Da treffen Menschen aufeinander oder Mensch und Engel; Menschen begegnen dem Sohn Gottes oder Gott selbst.

Sind auch die Sätze und Sequenzen, die uns davon berichten oft nur kurz, können wir erahnen, welche Lebensgeschichten sich dahinter verbergen, welche Anstrengungen Menschen unternahmen, um Jesus zu begegnen, welche Sehnsucht in ihnen brannte, ihm, von dem sie sich alles erhofften, ins Gesicht, in die Augen zu sehen.

Beim Lesen und Meditieren der Evangelientexte durfte ich entdecken, dass sich Teile meiner eigenen Persönlichkeit in diesen Menschen widerspiegeln, dass ich mich und mein Leben in ihnen wiederfinde.

Ihre Erfahrungen sind meine Erfahrungen oder zumindest meine Sehnsucht. Auf diese Weise fühle ich mich mit ihnen verbunden, nehmen sie mich mit hinein in ihre Begegnungs-Erfahrung mit Gott auf dieser Erde.

So werden die Worte der Evangelien lebendig, sprechen zu mir und mit mir. Sie sind nicht länger Erzählungen aus vergangenen Tagen, sie haben mir etwas zu sagen für meine Gegenwart, für mein Leben hier und heute.

Aus allen vier Evangelien habe ich Texte ausgewählt und mich intensiv mit ihnen beschäftigt. Daraus sind die Meditationen entstanden, zu denen ich Sie mit diesem Buch einlade. Auf jeder Doppelseite finden Sie unter der Überschrift die entsprechende Bibelstelle, auf die ich mich beziehe, sowie ein zentrales Zitat daraus.

Das Bibelstellenverzeichnis gibt Ihnen die Möglichkeit, die entsprechenden Bibelstellen zu finden, nachzulesen und sie auf sich wirken zu lassen. Ich wünsche Ihnen, dass sie zu Ihnen und in Ihr Leben hineinsprechen und die Gegenwart Gottes in Ihrem persönlichen Leben und Ihrer Geschichte (neu) bewusst machen.

Mögen diese Meditationen dazu beitragen, dass Ihre „Wurzeln" tiefer werden und Ihre „Äste" sich dem Himmel entgegenstrecken, auf dass der Baum Ihres Glaubens festen Stand finde und wachse.

Ihre

Petra Unrath

Lebendiges Wasser

Johannes 4,1-26

Wer aber von dem Wasser trinkt,
das ich ihm gebe, der wird
nie wieder Durst bekommen.

Johannes 4,14

Tief im Brunnen
findet sich
Wasser
lebendiges Wasser

Du schaust mir
geradewegs
in die Seele
ins Herz

hinter meiner Fassade
liest Du
mein Leben
meine Sehnsucht

Du wendest Dich mir zu
ungeachtet der Blicke
von außen
sprichst mich an
achtest meine Würde

Du allein
hast lebendiges Wasser
verschenkst Dich
für mich
und wirst
in mir
zur Quelle
aus der ich schöpfen kann
unerschöpflich

lebendiges Wasser
das meinen Durst stillt

Wer von euch ohne Sünde ist

Johannes 8,1-11

Jesus sagt: Wer von euch ohne Sünde ist, werfe als Erster einen Stein auf sie. Und er bückte sich wieder und schrieb auf die Erde.

Johannes 8,7-8

Die Steine
die ich werfe
machen mir selber das Leben schwer
bauen sich auf zur Mauer um mich herum

ich verurteile dich
und mache mich damit
einsam

ein schaler Geschmack
der das Leben vergiftet

Vergebung geschehen lassen
zwischen dir und mir

spüren
wie sich unsere Seelen öffnen
trotz aller Verletzungen
trotz unserer Unzulänglichkeiten
entgegen aller Vernunft

Balsam für unsere Beziehung
Raum in dem wir uns wahrhaft begegnen
Boden auf dem neuer Anfang wächst

wir lassen uns fallen
ohne Netz
ohne Sicherheiten
wagen gegenseitig Vertrauen
und spüren
Momente des Glücks
in denen wir
in der gleichen Melodie schwingen

Allein die Liebe zählt

Johannes 13,1-20

Jesus sagt: Wenn nun ich, der Herr und Meister, euch die Füße gewaschen habe, dann müsst auch ihr einander die Füße waschen. Ich habe euch ein Beispiel gegeben, damit auch ihr so handelt, wie ich an euch gehandelt habe.

Johannes 13,14-15

Wasser des Lebens
wäscht den Staub
der Straße ab

Einer kehrt alles um
stellt alles auf den Kopf
alle Regeln
durchbrochen

Einer schenkt
Zuwendung
Gemeinschaft
Heilung

für IHN ist nicht entscheidend
was ich erreiche

allein
die Liebe
zählt

Er sah und glaubte

Johannes 20,1-8

Da ging auch der andere Jünger, der zuerst an das Grab gekommen war, hinein; er sah und glaubte.

Johannes 20,8

Eine Sternstunde
wenn dein Herz in dem Moment
da deine Augen sehen
die Wahrheit erfasst
das Unglaubliche begreift
wenn Gewissheit
die Seele erfüllt
und jubeln lässt

besondere Momente
in der Beziehung zu Gott
Geschenke
Seiner Liebe

du spürst
dein Glaube wächst
und die Verbindung zu IHM

Geschenk

es ist nicht machbar
nicht planbar

es trifft dich
unerwartet
unvorhergesehen

und nur
ein bereites Herz
eine empfängliche Seele
kann diese Momente
spüren
und glauben

Zweifeln erlaubt

Johannes 20,24-29

Die anderen Jünger sagten zu Thomas:
Wir haben den Herrn gesehen. Er entgegnete ihnen:
Wenn ich nicht die Male der Nägel an seinen Händen sehe
und wenn ich meinen Finger nicht in die Male der Nägel und
meine Hand nicht in seine Seite lege, glaube ich nicht.
Johannes 20,25

Zweifeln ist menschlich
Jesus weiß das
Er nimmt uns ernst
auch mit unseren Zweifeln
es darf sein
was ist

den Zweifel
wahrnehmen
zulassen
aushalten
offen legen
aussprechen

anstatt
schön reden
um den Schein zu wahren
und nicht aufzufallen

dein Zweifel
stellt dich ins Abseits
aber
er gibt dir auch
die Chance
eine neue Wirklichkeit
mit Händen zu greifen

Dein Mut zur Wahrhaftigkeit
öffnet dir
neue Welten
unglaubliche

Liebst du mich?

Johannes 21,15-23

Herr, du weißt alles;
du weißt, dass ich
dich lieb habe.
Jesus sagte zu ihm:
Weide meine Schafe!
Johannes 21,17

Jesus beruft einen Fischer
Petrus - eine ehrliche Haut
ohne diplomatisches Geschick
einer
der Ihn verleugnet
zu feige
als es drauf ankommt

ein Heißsporn
schnell mit der Waffe bei der Hand
handelt
ohne nachzudenken

genau ihn beruft Jesus
das lässt hoffen

ich wage den Gedanken
Er könnte auch mit mir
etwas anzufangen wissen
könnte für mich eine Aufgabe
einen Auftrag haben

für mich
unzuverlässig - eher lauwarm - oft mühsam
kompliziert - zweifelnd - stotternd

für mich
ohne felsenfesten Glauben
voller Zweifel und Ängste
mit Resignation in manchen Momenten

ich höre Seine Frage
liebst du mich?

Mir geschehe,
wie du es gesagt hast

Lukas 1,38

Da sagte Maria:
Ich bin die Magd des Herrn;
mir geschehe, wie du es gesagt hast.
Lukas 1,38

Wagnis des Unvorstellbaren

keine endlosen Diskussionen
keine zähen Verhandlungen
kein Abwägen der eigenen Vorteile

beispielloses Urvertrauen

ohne Wenn und Aber
ohne Hintertür
ohne vertragliche Absicherung

ein ganzes Ja

anstatt mal sehen
anstatt vielleicht
anstatt ausprobieren

mir geschehe wie Du gesagt

rückhaltloses Vertrauen
in einen Gott
mit dem zu rechnen ist

voll der Gnade

Bereitet dem Herrn den Weg

Lukas 3,4-6

Bereitet dem Herrn den Weg! Ebnet ihm die Straßen!
Jede Schlucht soll aufgefüllt werden, jeder Berg und Hügel
sich senken. Was krumm ist, soll gerade werden, was uneben
ist, soll zum ebenen Weg werden. Und alle Menschen werden
das Heil sehen, das von Gott kommt.

Lukas 3,4-6

Wie viele Barrieren
habe ich errichtet um mich

wie viele Abgründe
lauern in mir

Ich will Dir
Gott
den Weg bereiten

da gibt es noch einige Steine wegzuräumen
einige Straßen zu kehren
manches aufzuräumen
was sich unnötig breit gemacht hat
und Platz wegnimmt

doch die Mühe lohnt sich
Du Herr machst mich heil

und alle Täler in mir
füllen sich
mit barmherziger Liebe

Das Wort hat sich erfüllt

Lukas 4,16-21

Da begann er, ihnen darzulegen:
Heute hat sich das Schriftwort,
das ihr eben gehört habt, erfüllt.

Lukas 4,21

Auf Gott ist Verlass
Er hält seine Versprechen
Seine Verheißungen werden
Wirklichkeit

Er öffnet den Himmel neu
für alle

Gott kommt uns
nah

Gott
einer von uns
einer wie wir

wir
die Zerschlagenen
die Armen
die Gefangenen
die Blinden
die Ahnungslosen
die Kurzsichtigen
die Unbelehrbaren
die Kopfmenschen

Er versteht
unsere tiefsten Fragen
unsere letzte Sehnsucht
unsere verletzte Seele

Er
ist
Antwort

Heilende Berührung

Lukas 6,17-19

Alle Leute versuchten, ihn zu berühren;
denn es ging eine Kraft von ihm aus, die alle heilte.
Lukas 6,19

Ach könnte ich doch heute noch
den Saum Seines Gewandes berühren
das wäre was

ich würde geheilt
von meiner Sucht nach Anerkennung und Erfolg
von meiner chronischen Hoffnungslosigkeit
von meinem krankhaften Egoismus
geheilt
von allen Schmerzen und Krankheiten
von allem Leiden

dann würde ich
jeden neuen Tag mit Jubel begrüßen
ich würde keinen Zweifel mehr kennen
und keine Einsamkeit

wäre das nicht traumhaft?
das Paradies auf Erden

doch bis dahin Gott
lass mich achtsam bleiben
für die Momente
in denen Du mich Deine Kraft spüren lässt
für die Momente
in denen ich mich getragen fühlen kann

lass mich spüren
dass Du an meiner Seite gehst
Moment für Moment
in allem
was mein Menschsein heute
und morgen ausmacht

Wovon das Herz voll ist

Lukas 6,45-46

Jesus sagt: Ein guter Mensch
bringt Gutes hervor, weil
in seinem Herzen Gutes ist;
und ein böser Mensch bringt
Böses hervor, weil in seinem
Herzen Böses ist. Wovon
das Herz voll ist, davon
spricht der Mund.
Lukas 6,45

In einfachen klaren Worten
beschreibt uns Jesus das
was wir heute kompliziert formulieren:
Authentizität

wovon das Herz voll ist …

doch wir haben verlernt
auf unser Herz zu hören
was uns zum Vorteil dient
uns weiter bringt
uns klug erscheint
davon sprechen wir
und wundern uns
wenn keiner uns zuhört
und wir niemanden begeistern

was lasse ich in mein Herz?
wovon ist es voll?

geben wir unserem Herz die Freiheit zurück
schaffen wir Platz für das was lebendig macht

lassen wir Gott ein in unser Leben
füllen wir mit Ihm unser Herz
lassen wir uns begeistern
von dem was Er uns schenken will

dann wird Sein Geist in uns sein
dann sind wir
authentisch - echt - glaubwürdig
denn wir bezeugen
Seine Wahrheit

Wo ist euer Glaube?

Lukas 8,22-25

Da traten sie zu Jesus und weckten ihn;
sie riefen: Meister, Meister, wir gehen zugrunde!
Er stand auf, drohte dem Wind und den Wellen,
und sie legten sich und es trat Stille ein.

Lukas 8,24

Kennst du sie auch
die Angst vorm Kentern
vorm Untergehen

die Wellen schlagen ins Boot
unbarmherzig
ohnmächtig
wirft mich die Wucht des Sturms
von einer Seite auf die andere

keine Hoffnung auf Rettung
die Richtung verloren
vom Ufer weit entfernt

allein den Gewalten die um mich toben
ausgeliefert

schockiert wende ich mich an Dich Gott:
Herr
ich gehe zugrunde

und wo die Not am tiefsten war
tauchst Du auf und der Sturm legt sich
voller Staunen erkenne ich
Du bist Herr über Wind und Wellen
auch in meinem Leben

und wieder einmal frage ich
wo war mein Glaube

doch
auf Dich
ist Verlass

Für wen haltet ihr mich?

Lukas 9,18-22

Da sagte Jesus zu seinen Jüngern:
Ihr aber, für wen haltet ihr mich?
Petrus antwortete: Für den Messias Gottes.

Lukas 9,20

Du bist der - der mein Leben teilt
meine Freude und meinen Schmerz
der mich begleitet auf allen Wegen
bergauf und bergab

der mich nicht verurteilt
mir aufhilft - zu mir steht - mir Mut zuspricht

der zwischen den Zeilen liest
mein Herz kennt - mich annimmt - tröstet und heilt
der mich aushält - geduldig ist und treu

Du bist mir
Freund - Begleiter - Sohn Gottes
Lebensgrund - Hoffnungsgedanke
Zukunftsland - Erlöser

Du bist die Adresse für meinen Zweifel
das Ohr für meine Klage
die Geduld für meinen Jammer
Du bist das Meer für meine Sorgen
der Himmel für meine Träume
Du bist der Halt in meiner Unsicherheit
das Seil in meinem Fall
das Moos unter meinen geschundenen Füßen
Du bist der Duft der Rose
der Atem des Lebens
ein Nest in unheilvollen Zeiten
Geborgenheit in einer Welt voller Krieg

Du bist der Urgrund in allem - für alle
Du bist die Liebe
das was zählt bist DU

Nur eines ist notwendig

Lukas 10, 38-42

Der Herr antwortete: Marta, Marta,
du machst dir viele Sorgen und Mühen.
Aber nur eines ist notwendig.
Maria hat das Bessere gewählt,
das soll ihr nicht genommen werden.

Lukas 10,41-42

Zahlreiche Möglichkeiten
verschiedenste Wege
unzählige Alternativen

nur eines ist notwendig

im Verwirrspiel
der eigenen täglichen Ansprüche
den Ort finden der lebendig macht
den Anker festmachen an dem
was einzig wichtig ist

nur eines ist notwendig

dem Abwärtssog
der persönlichen Unvollkommenheiten
der inneren Zerrissenheit
den gewohnheitsmäßigen Zwängen entrinnen
konzentrieren auf den
der mich liebt
so wie ich bin
ungeachtet aller meiner Schwächen

nur eines ist notwendig

mir selber die Zeit gönnen
in Seiner Gegenwart

nur eines ist wichtig

Ihm zu Füßen sitzend
schweigend - hörend - sorgenfrei - mühelos
geliebt sein

Ins Herz gesehen

Lukas 19,1-10

Zachäus, komm schnell herunter!
Denn ich muss heute in deinem Haus zu Gast sein.
Lukas 19,5

Versteckt
zusammengekauert
zwischen Ästen verborgen
hoffe ich
dass keiner mich bemerkt

ich mache mich klein
verschwinde fast
und werde traurig

ich schließe mich selber aus
vom Leben
vom Lachen
von den Menschen
und wundere mich
dass keiner mich bemerkt

bis einer in mein Herz sieht
dem ich nicht verborgen bleibe

Er ruft mich herunter
richtet mich auf
sieht mir ins Gesicht
stellt mich mitten ins Leben

und will bei mir zu Gast sein

Sein Wunsch
lässt meine Augen strahlen
und mein Herz vor Freude überlaufen

ich bin wertvoll

Zeichen der Liebe

Lukas 22,17-20

Und Jesus nahm Brot,
sprach das Dankgebet,
brach das Brot und
reichte es ihnen mit
den Worten: Das ist
mein Leib, der für euch
hingegeben wird.
Tut dies zu meinem
Gedächtnis!
Lukas 22,19

Gebrochenes Brot
Zeichen der
Liebe
damit alle
das Leben haben

gebrochenes Brot
verwandelt
den Tod in Auferstehen

ein neuer Bund
verheißt uns
Leben in Fülle

Gott
schenkt sich
in Brot und Wein

mitten unter uns
zu aller Zeit
heute
hier
immer wieder

stärkt uns
ruft uns
drängt uns

aufzustehen
aus der Gnade zu leben
aus der Fülle zu schöpfen

Er ist auferstanden

Lukas 24,1-12

Was sucht ihr
den Lebenden
bei den Toten?
Er ist nicht hier,
sondern er ist
auferstanden.

Lukas 24,5-6

Das waren ihre schwärzesten Tage
damals, die Tage nach Jesu Tod
sie waren wie gelähmt
alle Hoffnungen zerbrochen
den Schmerz über seinen Tod
und den Verlust konnten sie körperlich spüren

sie gingen zum Grab um Ihn zu salben
alles was sie noch für Ihn tun konnten
und dann der Schock
der Stein vorm Grab war weg
ebenso Jesu Leichnam
ungeheuerlich
auch das noch

da waren diese beiden Lichtgestalten
und die Botschaft „Er ist auferstanden"

Er hatte es vorhergesagt
es war gekommen wie Er es gesagt hatte
Er war auferstanden

glaube ich ihnen
denen die das leere Grab gesehen haben?
nichts wird mehr so sein wie vorher

auch ich bin Teil dieser neuen Wirklichkeit
nichts kann mich mehr von IHM trennen

der Tod ist besiegt - das Grab ist leer

darum kann auch ich aufstehen
aus meinem Grab und Leben mit IHM

Da gingen ihnen die Augen auf

Lukas 24,13-35

Jesus tat, als wolle er weitergehen, aber sie drängten ihn und sagten: Bleib doch bei uns; denn es wird bald Abend, der Tag hat sich schon geneigt.

Lukas 24, 28-29

Zentnerschwer die Last des Lebens danach
Füße wie Blei - die Hoffnung tot
Zukunft begraben - Angst in der Seele

Pläne - Visionen - Träume zerplatzt
Leere ringsum
alles umsonst? alles Täuschung?

Einer geht mit - unbemerkt
teilt Klagen und Schmerz
Hilflosigkeit und Ohnmacht

Einer weicht der Trauer nicht aus
hält aus - richtet auf - hört mit Verständnis
spricht aus Erfahrung - berührt die Herzen

Einer drängt sich nicht auf
lässt sich einladen ins Haus mehr noch ins Herz
wenn der Weg sich gabelt ist Entscheidung gefragt

und dann plötzlich
die Seele versteht
sofort

und obwohl die Augen nicht mehr sehen
erkennen sie mit brennenden Herzen
neu beflügelt - neu belebt
voll unglaublichem Staunen

doch nicht alles umsonst
alle Fragen beantwortet
Zukunft beginnt - jetzt
Jesus lebt

Platz schaffen

Markus 1,3

Eine Stimme ruft in der Wüste:
Bereitet dem Herrn den Weg!
Ebnet ihm die Straßen! Markus 1,3

Was Johannes in der Wüste ruft
ist ein Lebensinhalt

Wege bereiten
eine mühsame Aufgabe

den Untergrund sichten
neu aufbauen - befestigen - planieren
und dann
weiter pflegen - ausbessern
stückchenweise neu machen

Wege bereiten sich nicht von selbst
auch die nicht
von mir zu Dir

die Straßen ebenen
ein mühsames Geschäft
das geht nur
mit immer wieder
Umkehr und Vergebung

aufräumen
Platz schaffen
den Raum bereiten

damit Gott
Einzug halten kann

bei mir
bei dir

in der Welt

Folgt mir nach

Markus 1,16-18

Da sagte Jesus zu ihnen:
Kommt her, folgt mir nach!
Ich werde euch zu Menschenfischern machen.
Sogleich ließen sie ihre Netze liegen und folgten ihm.

Markus 1,17-18

Simon und Andreas
die ersten Jünger

Jesus ruft und sie lassen alles stehen und liegen
und folgen Ihm
einfach so von einem Moment auf den anderen

sie tun ihren ersten Schritt auf einem neuen Weg
ohne Zaudern - ohne zurückzublicken

Jesus ruft - sie folgen Ihm

was bin ich doch für ein Zauderer
hundertmal überlege ich hin und her
ist dieser Schritt auch der richtige
oder ist es doch was anderes
bin ich mir wirklich sicher
dass das was ich höre die Stimme Jesu ist
oder mache ich mir was vor

was ist wenn … aber … vielleicht …

Simon und Andreas gehen mit
sie sind immer noch die alten
ein Penny für ihre Gedanken
immer noch die Fischer vom See
einfache Leute mit Ecken und Kanten
Fehlern und Schwächen

aber sie machen Nägel mit Köpfen
als Jesus sie ruft gibt es kein Halten mehr
sie machen sich auf in ein neues Leben
wagen einen neuen Weg

Steh auf

Markus 2,1-5

Da brachte man
einen Gelähmten zu ihm;
er wurde von vier
Männern getragen.
Markus 2,3

Manchmal brauchen wir die anderen
um zu Jesus zu gelangen

wo ich selber nicht mehr fähig bin
bin ich darauf angewiesen
dass sie mich tragen
schleppen
weiter bringen

manchmal braucht es
ungewöhnliche Wege
und außergewöhnliche Anstrengung
um mir
Jesus nahe zu bringen

wo ich selber
nichts mehr tun kann
tut es gut
zu spüren
dass ich nicht verlassen bin

dass da Menschen sind
die mit mir
an Seine heilende Gegenwart
und Kraft glauben

die mich halten
stützen
auffangen

bis Sein „Steh auf"
mich erreicht

Senfkorn – Glaube

Markus 4,30-32

Womit sollen wir das Reich Gottes vergleichen,
mit welchem Gleichnis sollen wir es beschreiben?
Es gleicht einem Senfkorn.

Markus 4,30-31

Sag nicht
du seist zu gering
oder
zu schwach

sag nicht
du könntest sowieso
nichts bewirken

sag nicht
das könnten andere besser

sag nicht
es hätte keinen Sinn
es sei zu schwer
es berge zu viele Risiken

auch das kleinste Wort
auch die winzigste Tat
auch die unscheinbarste Geste

wächst
und
wirkt

so oder so

Wie ein Kind

Markus 10,13-16

Lasst die Kinder zu mir kommen; hindert sie nicht daran! Denn Menschen wie ihnen gehört das Reich Gottes.

Markus 10,14

Kind sein in Gottes Reich
sich fallen lassen dürfen
in Seine Arme

sich aufgefangen
gehalten wissen

mit offenen
interessierten Augen
das Leben
bestaunen und ergründen

ehrliches Interesse
an allen Dingen
ohne Hintergedanken
ohne Falsch
ohne Berechnung

mit einer einzigen Frage
„Warum?"
Ausflüchte und Vordergründiges
entlarven

Kind sein in Gottes Reich

aufrecht gehend
Mut - Freiheit - Leichtigkeit
erfahren

und dabei
gehalten - geführt - entlastet

geliebt

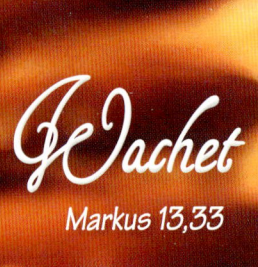

Wachet

Markus 13,33

*Seht euch also vor
und bleibt wach!
Denn ihr wisst nicht,
wann die Zeit da ist.*

Markus 13,33

Wach bleiben
wachsam

sich nicht einrichten
in Zufriedenheit
und Wohlstand

wachsam sein

sich nicht einlullen lassen
von vordergründigen
scheinbar erstrebenswerten Lebensinhalten

wach bleiben
in Erwartung bleiben
da kommt noch was

wach bleiben
im Hier und Jetzt
und sehen lernen
was wirklich zählt

entgegen der Resignation
wach bleiben
adventlich leben

erwartungsvoll

Aus Liebe

Markus 15,16-24

Dann kreuzigten sie ihn.
Sie warfen das Los
und verteilten seine Kleider
unter sich und gaben jedem,
was ihm zufiel.

Markus 15,24

Jesus geht ans Kreuz

letzte Konsequenz eines Lebens voller Hingabe
eines Lebens für die Menschen

aus Liebe
lässt Er alle Möglichkeiten zur Flucht außer Acht

Er stirbt
aufgerichtet zwischen Himmel und Erde

an Karfreitag vollendet sich
was an Weihnachten begann

Gott ist mit uns
Gott ist mit mir
bis hinein in meine tiefste Dunkelheit
meinen schlimmsten Schmerz

jedes menschliche Scheitern
jedes scheinbar misslungene Leben
jegliche Verlassenheit und jedes Sterben
findet seinen Platz und Sinn
im Kreuz Jesu

zutiefst verunstaltet und gepeinigt
erlöst Er dich und mich

auch von der Vorstellung
dass nur gelungenes Leben wertvoll sei
von dem Zwang
erfolgreich - perfekt - fehlerfrei
sein zu müssen

Gott ist mit uns

Matthäus 1,23

Seht, die Jungfrau wird ein Kind empfangen,
einen Sohn wird sie gebären, und man wird
ihm den Namen Immanuel geben,
das heißt übersetzt: Gott ist mit uns.
Matthäus 1,23

Gott ist mit uns
überall
in den Fabriken - den Büros - den Supermärkten
den Krankenhäusern - den Schulen

in der Freude und im Schmerz
im Lachen und im Weinen
in Traurigkeit und Glück
in Krankheit und Gesundheit

Gott ist mit mir
ob ich erfolgreich bin
oder ob mir nichts gelingt

Gott ist mit mir
Er ist gekommen
als Mensch unter Menschen
hat alles erfahren
was zum Menschsein gehört

Er weiß um mich
nichts an menschlicher Erfahrung
ist ihm fremd

so sehr liebt Er mich

Grund genug zu danken
in hellen und dunklen Stunden
in Einsamkeit und Gemeinschaft

Gott ist mit mir
und deshalb
ist nichts vergeblich

Gott spricht

Matthäus 2,13

Als die Sterndeuter wieder
gegangen waren, erschien
dem Josef im Traum
ein Engel des Herrn.
Matthäus 2,13

Im tiefsten Innern
wo der Verstand keinen Zugang hat
wo Planung und Einteilung
keinen Raum greifen können

dort wo Seele und Geist
unzensiert
und ungebremst
ihre Flügel ausbreiten

dort
spricht
Gott

und Josef tut
was er intuitiv verstanden hat
kein Nachdenken
kein Zaudern
kein Analysieren

er steht auf
bewegt sich
und folgt dem
den er für wahr nimmt

Gott spricht
auch in dir

mache dich auf
finde
Seine Stimme

Sorgt nicht für morgen

Matthäus 6,24-34

Sorgt euch also nicht um morgen;
denn der morgige Tag wird für sich selbst sorgen.
Jeder Tag hat genug eigene Plage.
Matthäus 6,34

Ganz im Vertrauen
auf Gott
alles Einsetzen für Sein Reich

ohne Zögern - ohne Angst - ohne Sorge
im Hier und Jetzt
leben

der letzte Grund
unseres Lebens
liegt nicht
im Kümmern um alltägliches

tun was nötig ist
in der Gewissheit
dass Gott
Seinen Teil beiträgt

nicht alles
hängt von uns ab

heute
hier
jetzt
Gottes Reich
hat Priorität
vor allem Besitz
vor allem Äußeren

es entsteht
wo wir unsere Verantwortung
leben
und mit Ihm rechnen

Schmaler Weg

Matthäus 7,13-14

Aber das Tor, das zum Leben führt,
ist eng und der Weg dahin ist schmal
und nur wenige finden ihn.

Matthäus 7,14

Schmale Wege erfordern
Konzentration
Aufmerksamkeit

ich kann nicht einfach draufloslaufen

gezielt setze ich meine Schritte
um nicht zu straucheln

an besonders engen Stellen
an gefährlichen Graten
finde ich manchmal ein Seil

es erspart mir nicht
das konzentrierte Gehen
doch es gibt mir
ein wenig mehr Sicherheit

und wenn es ganz eng wird und steil
dann seilen wir uns an

gehen gemeinsam
sind uns gegenseitig Stütze und Halt
verlassen uns aufeinander
fühlen uns mitgetragen

und dann wieder
bin ich allein unterwegs
wissend
dass der Weg sich lohnt

ich bleibe achtsam
und finde meinen Schritt

Fürchte dich nicht

Matthäus 8,23-27

Da sagt Jesus zu ihnen:
Warum habt ihr solche Angst,
ihr Kleingläubigen? Dann stand er auf,
drohte den Winden und dem See
und es trat völlige Stille ein.
Matthäus 8,26

Jesus
ich gehe unter und Du schläfst

siehst Du nicht
wie mir das Wasser bis zum Hals steht

manövrierunfähig
bin ich den Naturgewalten ausgeliefert

schreite ein
Herr
ich rufe Dich

und Du stillst den Sturm

nicht immer so
wie ich es mir vorgestellt hatte

aber er legt sich

und Du machst mich fähig
die Leinen wieder in die Hand zu nehmen
die Segel neu zu setzen
den Kurs neu zu bestimmen

Herr ich traue deiner Macht
und hab doch immer wieder
Angst

es ist wie Balsam
für meine aufgewühlte Seele
Dein
Fürchte dich nicht

Das Kreuz tragen

Matthäus 10,38

Und wer nicht
sein Kreuz auf sich
nimmt und mir
nachfolgt, ist
meiner nicht würdig.
Matthäus 10,38

Sein Kreuz auf sich nehmen
in der Welt
bedeutet
genau hinschauen
und nicht nur an der Oberfläche kratzen

die Trennung sehen
und das Verbindende wahrnehmen

das Dunkel kennen
und um das Licht wissen

den Schmerz spüren
und dennoch aus der Hoffnung leben

Unsicherheit
Angst
Trostlosigkeit erfahren
und trotzdem auf Gott zählen
das Kreuz ist
Knackpunkt - Streitpunkt - Wendepunkt

größte Verlassenheit und tiefste Liebe
Hingabe und Aufforderung
Schwachheit und Kraft

das Kreuz ist nicht das Ende

das Kreuz in der Welt
ernst nehmen und tragen
bedeutet
aus der Auferstehung leben

Kommt her zu mir

Matthäus 11,28-30

Kommt alle zu mir, die ihr euch plagt
und schwere Lasten zu tragen habt.
Ich werde euch Ruhe verschaffen.
Matthäus 11,28

Kommt alle zu mir

alle
ohne Vorbedingung
ohne wenn und aber

Er lädt ein
von Ihm zu lernen
Güte und Demut
von Herzen

sich zutiefst verbunden wissen
angebunden
aufgehoben

Gelassenheit und Achtsamkeit

Teil haben
am göttlichen Strom
der Liebe

Ruhe für die Seele
inmitten aller
Anforderungen
und Stürme
inmitten
des Lebens

verheißen
für
alle

Worte

Matthäus 12,36-37

Ich sage euch:
Über jedes unnütze Wort,
das die Menschen reden,
werden sie am Tag
des Gerichts
Rechenschaft
ablegen müssen.

Matthäus 12,36

Einmal ausgesprochene Worte
kehren nicht zu mir zurück

auch
wenn es mir leidtut
die Reue noch so groß
sie sind gesagt

sie treffen ihr Ziel
sie verletzen oder heilen

und das nachhaltig

ich nehme das Wort zurück
doch die Wunde bleibt

Worte können
verstecken - verwirren - in die Irre führen

aber auch
trösten - wertschätzen - aufbauen

zerstörende Worte
sind zweischneidige Schwerter

verwunden Beziehung
verachten die Liebe
verletzen die Würde

deine
und meine

Großflächig säen

Matthäus 13,1-9

Ein anderer Teil schließlich fiel auf guten Boden
und brachte Frucht, teils hundertfach, teils
sechzigfach, teils dreißigfach.
Wer Ohren hat, der höre!

Matthäus 13,8-9

Neuerdings erhält man Saatgut auf Bändern …

alles berechnet
optimiert
kein Korn zu viel

das ist nicht Gottes Stil

er streut Seine Liebe großflächig
und lädt uns ein
es Ihm gleich zu tun
großzügig die Liebe zu teilen
teilen ohne Berechnung

manches wächst
anderes nicht

vieles bleibt uns verborgen
doch es wächst trotzdem

säen wir Seine Liebe großflächig

im Vertrauen darauf
dass nichts umsonst geschieht

im Wissen darum
dass Er den Überblick behält

rechnen wir
mit dem Geist Gottes
der großes schafft aus kleinen Samen

Dich im Blick haltend Jesus
gelingt das Unglaubliche

Du machst mich fähig
das Undenkbare zu denken

das Unmögliche wahr werden zu lassen

es gelingt mir
weil Du in mir alles erfüllst

kein Platz für
Zweifel
Ängste
Kleinkariertheit

unendlicher Raum
in dem ich
alles
von Dir
unendlicher
erwarten darf

ich lass Dich herein
in mein Herz
in meine Seele
in meine Gedanken

ich gebe mich ganz

und Du
schenkst
Fülle

Öffne unsere Augen
Matthäus 20,29-34

Was soll ich
euch tun?
Sie antworteten:
Herr, wir möchten,
dass unsere Augen
geöffnet werden.
Matthäus 20,32-33

Mit offenen Augen durch die Welt gehen

die Knospen der Bäume
und die Farben des Frühlings sehen
den blauen Sommerhimmel
das bunte Herbstlaub
und die winzigen perfekten Schneekristalle
bewundern

mit offenen Augen durch die Welt gehen
nicht wegschauen

Gewalt - Ungerechtigkeit
Ellbogengesellschaft

Einsamkeit
Trauer
Dunkel

mit offenen Augen durch die Welt gehen

im Spiegel mich selber sehen
die Abgründe in mir
die ungeliebten Teile

Herr öffne meine Augen
damit ich
hinter die Fassaden sehen lerne
meine Möglichkeiten entdecke
Deine Spuren folge

und die Sterne in der Nacht
erkenne

Seid wachsam

Matthäus 25,13

Seid also wachsam! Denn ihr wisst weder den
Tag noch die Stunde.
Matthäus 25,13

Die Liebe braucht
ein waches Herz

ein Herz
das sich verankert
im Lebendigen

sich fest macht
am Zentrum des Lebens

in all der täglichen Anforderung
und Überforderung
die Dimension Gottes
ins Spiel bringt

sich nicht verführen lässt
von bloßer Geschäftigkeit
und blindem Aktionismus

sich nicht einlullen lässt
von scheinbar friedlicher Bequemlichkeit

ein waches Herz
das die Verbindung hält
zur Mitte

zu Gott

Gottes Liebe macht frei

Matthäus 22,15-21

Gebt dem Kaiser,
was dem Kaiser gehört,
und Gott,
was Gott gehört!
Matthäus 22,21

Der Staat prägt Münzen
Gott prägt mich

es braucht
ein klares Bekenntnis
klare Position
wem gehöre ich?

zulassen
dass Gott mich prägt
mich einlassen
auf Seine Pläne
ich gehöre
Ihm

Er fordert keine Steuer
Gott will
Liebe

die Wandlung
geschieht in mir
Liebe
statt Opfer

Seine Liebe
macht mich frei
frei mein Leben zu gestalten
mich prägen zu lassen
vom Lebendigen

eine krisensichere Währung
die die Kraft zur Veränderung
in sich birgt

Bibelstellen-Verzeichnis

Autorin

Petra Würth, geboren 1966
in Kaiserslautern;
lebt in Petersbächel
in der Pfalz;
verheiratet seit 1986,
zwei erwachsene Töchter;

von Beruf Krankenschwester mit Fortbildungen in Gestalt-
pädagogik, Gestalttherapie und Trauerbegleitung;
arbeitet freiberuflich mit Seminaren, Vorträgen und
Einzelgesprächen in der Begleitung von Menschen;
1996 entdeckte sie ihr Talent Gefühle und Begebenheiten
in prägnante Worte zu fassen; seitdem zahlreiche
Veröffentlichungen im Kawohl Verlag.

Fotografen

Fotolia / Lycha (10, 54), Pitopia / G. Münz (12),
A. Will (14, 30, 40, 42, 84), Getty Images / Rolphot (16),
Getty Images / Toltek (18), Getty Images / Tonda (20),
Getty Images / A. Pavlova (22), Pitopia / G. Georgiew (24),
Okapia / Imagebroker / TPG (26), Getty Images /
T. Sereda(28), Getty Images / G. Swanson (32),
R. Blesch (34), Getty Images /Gordonimages (36),
Getty Images / A. Osmanaj (38), L. Conrad (44, 80),
Getty Images / Alexemanuel (46), MEV (48),
M. Zimmermann (50), Getty Images / R. Kneschke (52),
Fotolia / A. Khruscheva (56), Getty Images / Cg-vaibhav (58),
Getty Images / R. Reitmeyer (60),
Getty Images / Elenathewise (62), C. Körner (64),
Fotolia / Victoria P. (66), W. Krebber (68),
Getty Images / Gabarria (70), Getty Images / Brian brew (72),
C. Bothner (74), K. Scholz (76), M. Enghardt (78),
Fancy Kids (82), Fotolia / S. Körber (86)

Emotionale Bildbände von Petra Würth

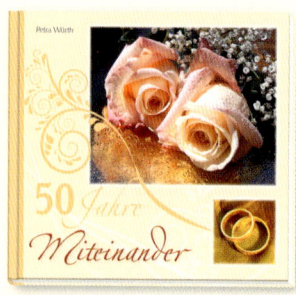

Petra Würth
50 Jahre Miteinander
48 Seiten, 25 x 23 cm,
durchgehend bebildert.
RKW 5121
ISBN 978-3-86338-121-9

Petra Würth
Auszeit zum Gesundwerden
48 Seiten, 17 x 17 cm,
durchgehend bebildert.
RKW 5125
ISBN 978-3-86338-125-7

Geschenkbände für Zeiten der Trauer

Jeweils 64 Seiten, 21 x 21 cm, durchgehend bebildert.
Petra Würth • Ein Teil von dir bleibt
RKW 5118 • ISBN 978-3-86338-118-9

Petra Würth • Ein Ort für meine Tränen
RKW 745 • ISBN 978-3-88087-745-0

Petra Würth • Und nichts ist mehr, wie es war
RKW 736 • ISBN 978-3-88087-736-8